멸치는 죽어서도 떼 지어 산다

시에시선
030

멸치는 죽어서도 떼 지어 산다

최성규 시집

詩와에세이

차례__

제1부

사람에게만 있는 것 · 11
나는 생선 같아서 · 12
사람을 잃다 · 14
봄의 관찰 1 · 15
봄의 관찰 2 · 16
유월 1 · 18
유월 2 · 20
숨은그림찾기 · 22
즐거운 요리 · 24
내 안의 말 · 26
하산(下山) · 27
새벽 두 시 · 28
첫눈 · 30
황태덕장 · 31
돌 속의 나무 · 32

제2부

또 다른 이름 · 35
서서 먹는 밥 · 36
지방근무 · 38
오마주(hommage) 1 · 39
오마주(hommage) 2 · 40
아버지의 바람 1 · 42
아버지의 바람 2 · 44
사직서를 쓰며 · 45
물맛이 쓰다 · 46
순댓국을 먹는 아침 · 47
올라가기 · 48
질경이꽃 · 49
주말부부 · 50
도마 위의 여자 · 52
반시(盤柿) · 53

제3부

고장 난 다리 · 57
사마귀 · 58
안산역에서 · 59
멸치는 죽어서도 떼 지어 산다 · 60
바람의 촉을 깎다 · 62
유연한 혹은 딱딱한 · 64
남태령 · 66
호두호밀햄치즈샌드 · 68
꿈, 길마중 · 69
가을이 내게로 왔다 · 70
단편으로 읽는 하루 · 72
나의 감옥 · 74
적인가 사랑인가 · 76
오늘 · 77
그 여자의 방 · 78

제4부

틈 · 83
연필을 깎다 · 84
면도기를 파는 점원 · 86
강철 불꽃 · 87
실제상황 · 88
장마가 시작될 때 · 91
바다꽃 · 92
껍데기의 숲 · 94
빨래를 하며 · 96
오십 번째 집들이 초대장 · 98
박쥐 · 99
밤마다 윗집이 궁금해진다 · 100
벽 · 102
전봇대 · 103
즐거운 상상 · 104

해설 | 정윤천 · 105
시인의 말 · 119

제1부

사람에게만 있는 것

빳빳한 오만 원짜리 지폐 한 장을
옆집 누렁이에게 줘보았다고 했다

그랬더니 그놈
냄새만 킁킁거릴 뿐 핥아보지도 않고
고개만 휙 돌리더란다

개도 안 받는 돈 때문에
이러쿵저러쿵
근심하지도
욕심내지도 말라 한다

사람에게만 있는 게 사람 잡는다고
고철 장사하는 동네 선배가
노가리 안주 하나 없이 소주 한잔을 들고
공자 왈 맹자 왈 하는 중이다

나는 생선 같아서

어쩌면 내가
작두 같은 도마에 누워
너를 바라보는 것인지
창자를 잃은 아가미로
사랑을 뻐끔거리는 것인지
너의 쓰린 아침을 위해
눈부신 바다를 버리기까지
나는 무엇이었을까
가슴을 뚫고 나온 가시까지
네 앞에서 숨을 고르는구나

사랑아
고통보다 단내 나는 칼맛을
지금 받으련다
피를 부르는 너의 손놀림 앞에
나는 시체처럼 순종할 뿐
뜨거운 바다를 헤엄치며 단련된 비늘들이
열도의 염통에 처박혀버릴지라도

썩어가는 부레조차
즐거이 입 맞추며 나를 끌어안는
너를 사랑한다

사람을 잃다

기억이라는 장치가 망가져
당신을 잊어버렸을 때에는
작은 나사 한 개로 매어놓은 시간도
이리저리 흔들리다가
제자리로 돌아오기를
몇 번이나 되풀이하는 것인지
당신이란 사람 하나 때문에
내가 넘어지기도 한다는 걸
왜 이제야 알게 되었을까
가슴은 심한 흔적을 앓고
못 자국보다 뾰족한 날들을
긁어낼 수 없어
여전히 나는
그대 눈물보다 차가운
갈라진 바람 소리를 본다

봄의 관찰 1

새벽을 창밖에 널고
아내가 손을 씻고 있습니다
식탁보 위에
물기가 한 방울 떨어졌습니다
물방울이 하얗게 번지더니만
그것은 깃털이 되었습니다
깃털이 너무나 커서
몇 번을 나눠 입속에 넣어야만
맛을 느낄 수 있습니다

입속에서 살살 녹는

햇
살
무
침

봄의 관찰 2

아침 햇살 쫑쫑 입에 물고
우리 식구 오랜만에 목욕을 간다

축대 옆 전봇대 길
참새들 모여 사는 방앗간 지나
동네 어귀 입구에 다다르면
새로 생겼다는 옷가게가 보인다

아내 가라사대
저기는 여자들이 다시 태어나는 곳
생일날 돌아오니 참고하란다

큰 거울 앞에
몸무게를 지우고
알몸으로 서 있을 아내가 떠오르지만
아직 섣부른 삼월
목욕탕 계단을 내려가는 아내에게
모르는 척 물었다

"이봐, 그 옷가게 이름이
개나리 의상실이던가
개나리의 상실(喪失)이던가"

유월 1

어제는
목덜미 뒤 오른쪽 뻑뻑한 근육 사이
먹구름 한창 몰려오더니
오늘은
어깨며 허리며 손가락 마디까지
한바탕 비가 내린다

아무래도 몸살 꽃 피려나 보다
주르륵 기운들이 빠져나가자
의무실 미스 전이
연분홍 게보린을 들고 와서는
"이것을 몸속에 심어 보세요" 한다

건조해진 내 정원에 씨앗을 놓고
물 한 모금 얹어
흐트러진 온기를 잡아당기자
때아닌 낮잠이 빙빙 나를 감싼다

귓속까지 굴러온 빗방울들이
퐁퐁 뛰다니며
장난질 친다

유월 2

아직도 옆구리가 쑤시고
마른기침 콜록거리고
해는 중천까지 떠올랐는데도
자꾸만 안방이 눅눅하다며
아궁이 열어놨냐는

어머니,
비릿한 기억들이
상추꽃 마디처럼
징그럽게 올라오는데

뭐래드라?
해 질 녘 망태 꽃향기 넘어져 울고
풀떼기 숲 바람까지 아우성치면
곧 육탄전이 있을 거라고
나보고 얼른 피하라시던

아버지는 고무신을 질질 끌고

전봇대 구겨진 그늘 자락 붙잡고는
비스듬히 선 채로 오줌을 누면

어머니는 벌써부터 잠든 척하고

숨은그림찾기

아들이 먼저 찾아낸 하얀 나비는
베란다 옆 키 작은 치자 꽃향기 따라
거실과 안방을 한 바퀴 돌고 나서 사라졌다

지금 우리는
햇살 따스한 벤치에 앉아 재잘거리는
한 여자의 겨드랑이에서 종이배를 발견하고는
유년이 겹친 강가를 유유히 표류 중인 게다

시간과 공간을 넘어
납작한 몽당연필 같은 시절의 평온함을 갈구하는 사이
아들은 보물 지도보다 복잡한 그림 속에서
누구도 열어보지 못한 보물상자를 찾아내고
나는 어딘가에 숨어 있을 작은 램프를 발견하면
겨우겨우 간직하던 소원을 말할 참이다

몇 시간 동안 찾지 못한
바늘 한 개는

누군가 먼 훗날에라도
찢어지고 갈라진 세상을 기워야 하기에
우리가 숨겨둔 장소를
눈짓 같은 비밀로 해두는 수밖에

즐거운 요리
―신당동 떡볶이

25년 만에 만난 친구의
마음 같은 맛이겠구나!
지나온 청춘보다 더 붉게 물든
고추장 풀어놓은 불혹의 매운맛
라면 면발보다 더 꼬불꼬불
골목 어귀 숨어서 지켜보던 단발머리
절대로 잊을 수 없는 시간의 맛
가래떡보다 하얀 반백의 뒤편
쫀득쫀득 달라붙은 기억들이
속이 꽉 찬 만두처럼 터질 때마다
밤새도록 풀어내도 모자라는지
담백하고 구수한 깊은 맛이 모락모락 익어가고
언젠가는 지어미 아비보다
더 큰 날개를 품고 날아오를
계란노른자 같은 자식들 이야기까지
비비고 버무리고
시시콜콜 밤새도록 끓여대도
어묵처럼 탱탱 불지도 않고

쪼그라드는 법 없이
진국만 계속해서 즐겁게 우러나오는

내 안의 말

 귀를 막는다 열려 있어도 세상 소리 다 듣지 못하는 귀 이쪽에서 들으면 저쪽으로 새나가는 귀 들어도 알아차리지 못하는 말들을 가둔다 내 안에 단단하게 갇혀 있는 말들이 웅성거린다 몇몇 가시 돋친 말들은 불순한 입술을 경고하듯 목젖 앞에 바리케이드를 친다 말들이 견고하지 못한 탓이다 입술을 깨문 말들이 내 안의 말들을 껴안고 흐느낀다 부족했다고 생각했던 말들이 눈물이 되어 밖으로 나온다 말은 말을 하지 않아도 용서를 구한다 이쪽의 말이 저쪽의 말들을 일으켜 세운다 상처 난 말들도 심장 가까운 곳에 엎드려 통곡한다 말을 하지 않아도 내 안에 말들이 가득 쌓인다 오랫동안 닫혀 있던 낡은 성대가 거친 말들의 껍질을 벗겨낸다 혀에서 좁쌀만 한 티눈 하나가 돋아난다 내 안의 말들이 이번엔 나를 물끄러미 쳐다본다

하산(下山)

꽃차를 만들어 팔아 살아가는
강원도 동강 산촌마을
꽃 같은 청년의 말이다

"꽃을 따다 보면
벌들이 귓가에 날아와서 윙윙거려요
그러면 저는 곧 꽃 따는 일을 멈추는데요
제가 꽃을 따버렸기 때문에 벌들이 앉아야 할 곳이
없어져 버린 것이잖아요?
벌들 윙윙거리는 소리가
꽃을 그만 따라고 그러는 소리로 들려와서
이제 그만 따야겠구나
생각하고는 산을 내려와요"

새벽 두 시

야근하고 돌아온 사내에게
안성탕면을 끓여주고
다 먹을 때까지 쭈그리고 앉아 기다리다가
달그락달그락 설거지를 시작한다

물소리보다 바닥이 진 아내는
그릇을 닦다 말고 울먹거린다
산다는 게
닦아도 닦아도 벗겨지지 않는
양은냄비 밑보다 질겨 보여서
어딘가 섭섭한가 보다
찌꺼기에 막힌 수챗구멍처럼
갑갑한가 보다

짐짓 모르는 척
양말을 벗어 구석으로 던져보지만
아내의 한숨만 돌돌 말려 내게로 굴러온다
식탁에 앉아 교차로와 가로수길을 누비는

아내의 내일은 오늘인 양
벌써 두 시를 넘어선다

첫눈

첫눈 내리면

따스한 물에

손을 씻을 거야

얼어붙은 손

오랜만에

양지바른 지붕 꼭대기에

펄 펄

널어놓을 거야

황태덕장

그해 겨울
시렁에 널어둔 영혼 하나를 생각하면

내게서 파도가 감겼다 풀렸다
먼 산이 울었다 그쳤다
꽃들은 피었다 졌다
그리움도 녹았다 얼었다

셀 수 없이
그렇게 하였기를

아직도 먼 산이 울었다 그쳤다
바람은 들었다 나갔다
네 것이 그리웠다 지루했다
또 그렇게 야위어가기를

돌 속의 나무

관악산 어느 기슭에 가면
내 나이쯤 살았을 소나무 하나
끌어안고 놓아주지 못한
바위 하나 때문에
그만 옆으로 누웠습니다

바람도 나무의 살을 갉아먹다가
말라버린 솔잎을 기슭에 뱉어낼 뿐
나무의 향기는 점점 시들어갔습니다
나무는 죽었습니다
죽어서도 나무는
평생 끌어안고 놓아주지 않았던
돌의 무게 때문에

한번도 새들의 조문(弔問)을 받지 못했습니다
평생을 나무처럼 살아보지 못했습니다

제2부

또 다른 이름

 원래 있어야 할 자리에서 이탈한 것들은 이탈하기 이전의 이름을 사용하지 않는다 그것이 무엇이건 새로운 이름을 부여받는다 가령 내 식구에게 있어 강철보다 단단한 생명줄인 작업복도 뻣뻣한 노동의 궤도를 이탈, 표백제 한 스푼과 몸을 비비고 나면 부끄럽게도 하얗게 빛나는 빨래가 된다 다시 세상으로 가는 날개가 된다 날개는 또 어떠하랴 날개는 이쪽과 저쪽의 경계를 관찰하는 수평, 오만한 비상보다 아름다운 저울이다 저울은 가끔 비뚤어지게 진화하는 세포들을 중심에서 일으켜 세운다 사다리처럼 영혼을 하늘에 매달고 집으로 돌아가는 날 다시 나를 일으켜 세우며 사람으로 살아가게 떠미는 약속인 것이다

서서 먹는 밥

밥을 먹는다
식탁 의자를 뒤로 물려놓고 서둘러 아침밥을 먹는다
죽은 자의 밥상처럼
국과 밥의 자리가 바뀐 줄도 모르고 먹는다
기도도 하지 않고 먹는다
형장의 이슬이 되어야만 하는 사형수처럼
먹지 않으면 안 될 마지막 이유라도 있는 듯
막무가내로 입에 밀어 넣는다
밥은 오래전 냉동실에 저장해둔 얼음덩어리를 녹인 것
돌멩이 같은 밥이다
밥을 먹다가 울컥 바닥에 주저앉아 시를 써 내려간다
이 밥은 그냥 밥이 아니다 전투식량이다
전쟁터로 나가기 직전 몸속 깊은 곳에 숨겨두는 비상식량이다
살면서 얼마나 많은 날을 더 견뎌야 하는가
쓰던 시 열여섯 번째 행에 이렇게 적는다
식사라는 이름의 밥상을 받는 아침은 얼마나 거룩하고 아름다운가

물음과 울음으로 밥알과 섞인 몇 개의 단어들이
입속에 커다란 물집을 만든다
시간이 되었으므로 먹다 남은 밥을 다시 냉동실에 넣는다
얼음덩어리보다 더 차가운 언어를 불러 모아
녹지 않는 빙하 세상 속으로 사내가 걸어 들어가고 있다

지방근무

병신 같은 게
죽으러 간다면서
이것저것 살 궁리만 모으고 있네

수백 수천 번
새벽 한가운데 깨어나
시(詩)는 왜 쓰고
시집 몇 권 또 챙기고 있나

죽으러 간다면야
다 내려놓고 가야지
신발 두 짝 정도 남겨두면 그만이지

바라바리 챙기고 챙겨
그림자만 무겁게 끌고 가는
너는 참 모자라다
아직도 산다는 게 뭔지도 모르는
나는 참 모자라다

오마주(hommage) 1
―아버지와 구두

아버지가 고등학교 입학선물로 사 주신 종로5가 아라모드 제화점 수제 구두 한 짝을 잊을 수 없다 비록 내 발 사이즈보다 5mm 작았지만 내 생애 첫 번째 소가죽 구두이자 아버지로부터 받은 마지막 선물

ROTC 장교 후보생이 된 아들의 검정 단화를 닦는다 아버지가 그랬던 것처럼 손가락 두 개를 모아 이곳저곳 살뜰하게 닦는다 구두약을 문지르면 문지를수록 까맣게 물드는 단화는 푸른 광채가 뭉글뭉글 피어난다 세상으로 나아가는 자식의 첫걸음에 무궁무진한 영광 있기를 기도하며 전수받은 기억조차 없는 축복의 주문을 아버지처럼 중얼거린다 눈부신 아침 햇살 앞에 구두 끝 선을 정렬시키고 겸손히 엎드려 살포시 입을 맞춘다 이제 비로소 아버지를 끌어안는다

오마주(hommage) 2
—아버지의 털신

 골프연습장 공 줍는 일 다니는 아버지 생일날 선물로 뽀송뽀송한 발목 부츠 한 켤레를 사드렸지요 발목까지 두툼한 털신이 아버지의 체온을 지켜주길 바라면서 일흔아홉 개의 촛불을 단숨에 불어 끄시고 출근하시는 아버지 신발 끈을 힘차게 묶어주었습니다
 밤 열 시 반이면 오신다는 아버지를 못 보고 집으로 돌아오는 길 전국 최강 한파라는 뉴스에 더 좋은 신발을 못 사드린 마음이 자꾸 부끄러운데 아버지 흔들리는 발음으로 나지막이 고맙다 하시더라 말하는 아내에게 봄이 오면 아버지 틀니 하나 꼭 해드리자 다짐했습니다

 아버지는 지금 중환자실에 계십니다 생일이 지난 지 보름도 채 안 된 정월 스무여드렛 날 아버지는 털신을 가지런히 벗어두고 맨발로 어디론가 멀리 떠나시려 합니다 얇은 하늘색 담요 밖으로 삐져나온 아버지의 맨발이 고비사막 한가운데를 건너고 계실까 싶은데도 아버지에게 털신을 신겨드릴 수가 없습니다 간지러운 오전 햇살에 마른기침 한번 하시면 참 좋으련만 오늘을 넘기기 힘들

다는 의사의 말이 혹시 새로 사드린 신발 때문인가 싶어 도저히 눈물을 참을 수 없습니다 신발을 선물하면 헤어진다는 속설이 진짜가 되어버렸습니다

아버지의 바람 1

아버지 나이 열여섯 살 때
장래희망 조사하면 로맨스 영화
주인공이 되는 것이었다지

웃었어 우린 그 얘기 듣고
검게 탄 요즘 아버지 얼굴 보면서
어머니는 더 크게 웃었어

비가 내리고
낮방에 누워 잠든 아버지 얼굴을 보고
문득 가슴 저미던 기억
아버지 그 말이 맞아

책 장수 그릇 장수 담요 장수
때때로 백수건달 이름 없는 단역배우
주연 한번 못했지만

어차피 산다는 건

모노드라마 주인공이 아니냐는
칠십 평생 연기 생활 경험담

오후 내내 빗소리로 분장하고
눈물보를 건드리는
윙윙거리는 바람 같아

아버지의 바람 2

 화곡동 큰형님의 때아닌 부고와 사진관 둘째 형님이 무너졌다는 소식을 전해 받은 날부터 아버지는 약수터를 다니기 시작했다 새벽보다 먼저 일어나서 목구멍의 갈급증을 게워내는 물통 같은 가슴을 이고 나간 아버지는 눈물 닮은 생수보다 허허로운 바람의 파편들을 묻히고 돌아오셨다

 그날부터 우리는 아버지의 얼굴에서 바람 소리를 보았다 저녁나절 공복이 몰려오는 시간의 기억을 되새김질하는 아버지는 한 마리 늙은 낙타였다 세 개의 육봉을 등에 지고 사막을 횡단하는 아버지의 일상은 신기루를 지나는 여행이었다 마음대로 내리지 못한 신열이었다 여름 한낮 오한 이는 몸살기로 모래언덕을 오르내리는 아버지의 입김에서는 뜨거운 바람이 날렸다

사직서를 쓰며

먼 길 떠나겠다는데
어떤 사유를 첨부해야 할까
마지막 남은
한번의 절차

나에게로 돌아가는 길이라도
타당한 이유가 있어야 한다는데
나의 이력은
얼마나 결백하고
얼마만큼 부당할까

가고 오는 흔적을
알려주고 싶지 않다면
반려의 사유가 될까

알아서 집으로 돌려보낼 때까지
떠나갈 수 없는 나는
현재 구속수감 중

물맛이 쓰다

 화장실 수도꼭지를 잠그면 싱크대 물소리에 힘이 생겨 아내의 설거지가 바빠집니다 그때마다 나는 먹는 물로 손을 씻을 수 있다는 것과 배설물로 사용했던 그 물을 다시 먹는다는 관점을 좁히기 위해 보리 팩 하나와 옥수수 몇 알 넣고 펄펄 끓여 마실 것을 주문해보지만 아무래도 밥그릇 표면에 남아서 뽀드득거리는 물소리를 의심하지 않을 수 없습니다 하여 나는 아내에게 물었습니다
 "여보, 서울에서는 머지않아 수돗물에 불소를 넣어 공급한다는군 그럼 치아도 썩지 않고 수돗물 냄새도 없어진다는 거야 근데 왜 서울 사람들은 물에다 물소를 넣지 않고 불소를 넣는 거지? 물 묻으면 다 죽을 텐데…"
 반찬이 없어 물에 밥 말아 먹자는 아내의 말이 갑자기 무서워 못 들은 척 창문을 열었을 때 밥풀처럼 둥둥 떠다니며 우는 비 한창 새벽까지 귀에서도 쓰렸습니다

순댓국을 먹는 아침

채우기 위해 살았다면
비워냄으로 돌아가 볼 것
참을 수 없어 들끓었다면
냉철함으로 되돌아볼 것
퍽퍽했다면 걸쭉하게
뜨거웠어도 오히려 시원하게
열 내고 화나는 일쯤
스스로 땀으로 뱉어
나를 견고히 하고
깊고 진한 것들만 우려냄으로
거뜬히 속 쓰린 날들을 다스리는
그날, 나의 아침 식사는
잔돈푼도 안 남게
계산이 딱 맞았으면
그렇게 숟가락을 놓았으면

올라가기

뛰어 올라가기 · 걸어서 올라가기 · 한 칸씩 올라가기 · 두 칸씩 올라가기 · (가능하면) 세 칸씩 올라가기 · (가능하다면) 네 칸씩 올라가기 · 서둘러 올라가기 · (차례차례) 줄 서서 올라가기 (어느 세월에 올라가겠어?) · (가위바위보) 이긴 사람만 올라가기 · (가위바위보) 진 사람은 중간에서 한 바퀴 돌기 · 알아서 한 칸 더 내려가기 · (꼴 보기 싫으니까) 밑으로 내려가기 · (안 보일 때까지) 알아서 지하까지 내려가기 · 비상구 찾기 (그래야 다시 시작할 수 있지!) 난간 안 잡고 올라가기 · (힘들면) 난간 잡고 올라가기 · 앞사람 밀치고 올라가기 · 뒷사람 못 올라오게 밀어 넘어뜨리고 올라가기 · 신발 벗고 올라가기 · 벽 짚고 헤엄치기 · 기어서라도 올라가기 (멍청한 놈!) · (기회가 되면) 자동으로 올라가기 · (윗선에 말해두었으니) 자동보다 빨리 올라가기 · 무조건 올라가기 · (윗선에서 다 알아서 해준다니까) 엘리베이터 타고 올라가기 (힘들게 올라가는 척하기) · 초고속으로 올라가기 · 꼭대기까지 · 죽을 때까지 올라가기 (다 올라가면 뭐 하지?)

질경이꽃

질경 질경

그놈의 욕망을

욕할 수 없다

살아있고 싶은 것

그저

꽃 한 송이 피워

끌어안고 싶은 것

새삼 고백하기를

나도 그렇다

주말부부

봄꽃 피어오르는 주말
심야버스 21-가
창가가 있는 자리
수원행 버스를 타고
잠이나 한숨 자야지
숙면은 아닐지라도
대충 눈 붙이다 보면
먼 길도 잠깐일 테니

그렇지
먼 길을 가려거든
눈 감고 가는 법
천천히 마음으로 길 하나 내고
속으로 두근 숨 몰아쉬며
평생을 함께 가는 것

저 멀리 인생 끝까지 다녀오려면
눈 감고 귀 닫고 가는 것

앞엣것은 절대 보지 말고
서로의 그림자가 포개진 종종걸음으로
바람처럼 구름처럼 햇살 따라가는 것

떨어져 산다는 게 별거더냐
허한 자리마다
꽃병 같은 당신 무덤 하나 놓아두고
주거니 받거니
그리움으로 사는 거지

그래도 말야
갈 길 바쁜데
꼼지락꼼지락 속도조차 못 내는 버스는
참으로 몹쓸 일이네
몹쓸 일이야

도마 위의 여자

그녀의 오래된 도마 위에는
가슴과 허벅지를 갈기갈기 찢어놓은 듯한
패이고 패인 상처만 남은 길이 있지
오롯이 단단한 것밖에 남지 않은
절대 부러지면 안 되는 그 길이 있지
굽어지거나 갈라져서는 안 되었던 길
피를 닦으면서도 고통을 배우지 않은 길
그녀의 도마에는 조그만 오솔길조차 없지
샛길이라곤 전혀 보이지 않는
처음부터 길이라고는 없었던 바닥
광야보다 더 넓고 판판해야만 했던 여자의 바닥
그 밑바닥에서 그녀는 나를 키웠지
수많은 칼날의 숨결들을
마른 등짝으로 막아내며 나를 먹여 살렸지
날이 갈수록 나는 살이 쪘고 그녀는 점점 더 늙어갔지
아무도 돌아오지 않는 길 위에서
여자는 길을 잃고
도마처럼 서럽게 늙어만 갔지

반시(盤柿)

아직은 익지 않은 것이니
잠시 놓아두시게나
지금은 문턱에 앉아
시간을 기다리는 때

가지 끝에서 위태로이
살아가더라도
그냥 내버려 두시게나

기다린다는 말은
마음이 평평해진다는 말

여보시게
아이처럼 흔들리지 마시게나
세월은 겉으로 와서
속으로 스며들지라도
납작한 노을 닮은 마음 하나
점점 무르익어 갈 테니

제3부

고장 난 다리

그러니까 어머니께서
나이 들면 자기도 모르게
헛디디는 것들이 생긴다고
운전할 때 조심하고
길 건널 때 조심하고
말할 때나 들을 때나
한쪽으로 치우쳐 서지도 말고
묵직하게 중심 잘 잡고
한발 한발 세상을 디뎌가며
천천히 살라고 하였는데

나이 마흔여덟 어느 날
바쁘게 산답시고
서둘러 건널목을 건너가다
접질린 다리가
절뚝이는 걸음 한쪽
남겨두고 먼저 가네

사마귀

 사각사각 사마귀 한 마리가 사각사각 네모난 꿈속에 사각사각 날아와서 내 살을 파먹는다 사각사각 늙어 빠진 껍질부터 사각사각 갉아대는 사각 이빨들이 네모난 심장 모서리 끝 푸른 동맥을 입에 물고 네모난 방안으로 들어가서 사각사각 그 속에 알을 낳는다 사각사각 깨어난 알들은 귀퉁이 네모난 집을 짓는다 사각사각 네모난 집에서 자란 꿈들은 또 네모난 알을 낳는다 사각사각 네모난 알들은 다시 네모난 어둠 속으로 날아와서 사각사각 내 살을 파먹는다 사각사각 사각사각

안산역에서

 선천성심장마비어린이를도와주자는,예수천당불신지옥이라는사이비는,여름용샌들이무조건만원이라는,놀다가세요쉬다가세요등나무그늘까지독점한포장마차의뽕짝메들리는,미끈한각선미죽여주는계집애는,계집애옆귀퉁이굽은허리펼줄모르고졸고있는노인네는,그노인네의가죽만큼껍데기가타들어간벤치는,하나같이파리새끼들처럼부산한그림자들은,이런저런것들사이사이를유유히헤집고장난질치는바람은,하물며이유없이슬퍼보이는노랑나비의너풀거림은,하루종일전깃줄에매달려떠나지도못하고제자리로빙빙돌아오는바퀴들은,아무리생각해도나와전혀상관없는이광경들을사랑해야할것인가말것인가,종착역이될수없는계단을,이와중에도미치도록타들어가는노을을,여전히아무것도오지않기로약속했던그리움은

멸치는 죽어서도 떼 지어 산다

  유서 같은 시를 써서 내밀어도
아내는 모른다
내 시를 모른다 아내는
시 속에 숨어 있는 메타포(metaphor)를 모른다
내 몸에 쌓여 있는 시체 같은 언어들의 죽은 모래 무덤
을 모른다
  아무것도 모른다 알려고 하지도 않는 아내는
그러나 월급날은 귀신같이 안다
신용카드 결제일은 절대로 잊어먹지 않는다

  신인상 상패가 며칠째 방바닥에 굴러다녀도
수년 동안 시 한 편 쓰지 않고 살아도
아내는 나에게 요즘 어떻게 사냐고 물어보지 않는다
시 한 편 벌어 오라고 바가지조차 긁지 않는다

  시보다 재미있고 맛있는 게 너무도 풍부한 시대
시인이 된다고 덤비는 것은
언제든지 굶어 죽어도 좋다고 선언하는 것

죽어서도 시를 쓰겠다는 형벌까지 감당하는 것

시집 한 권 만든다고 퇴직금 통장 내놓으라는 요구보다
시 한 편 값이 백 원도 안 되는 단가의 참혹한 현실이
알려지면 끝장이다
주말 멜로드라마를 뚫어지게 응시하며 멸치 대가리를
떼어내는
아내의 조용한 손놀림은
내게서 나의 시들을 완전히 분리시킨 다음
나의 육체만 사용하고 언어는 모두 수거해 버릴지도
모르는 일

멸치는 죽어서도 떼 지어 사는데
나의 언어들아!
뜨겁게 끓다가도 한순간 식어서 맛없는 세상이 될지라도
육수보다 진하고 깊은 국물이 되어 보자
뚝배기처럼 뜨거운 한술 밥 누군가를 적셔주기 위하여
자글자글 지글지글 끓어 넘쳐 보자

바람의 촉을 깎다

시(詩)로써 뜻 세우라고
써 이(以) 시 시(詩) 설 립(立) 뜻 지(志)
일천구백구십삼 년 유월 십이 일
중년의 K 시인께서
부챗살 뽀얀 화선지 위에
바람을 가르고도 남을 중원의 필살기로
한 획을 내게 그리셨다

어찌어찌 살다 보니
수십 년이 훌쩍 지난 오늘 아침
일찌감치 아침 밥상머리 물려놓고
여유로운 바람 한점
가르지도 못하는 부챗살을 펼쳐보다가

무슨 장편 무협지 속
비운의 협객처럼
내가심법(內家心法)* 한답시고
쭈꾸덩한 시 나부랭이 몇 편 모아다가

꼼지락꼼지락
단필(短筆)만 깎다가

*호흡을 단련하여 신체의 자율신경을 조절, 새로운 기의 운을
통해 무공의 내력을 단련하는 법

유연한 혹은 딱딱한

던짐,
무언가를 세게 던짐
생각건대 아주 멀리 날아간 것 같음
사실 그게 무엇이었는지는 정확히 모르지만
엄지와 검지 사이에서
꿈틀거리는 것을 느끼기는 했음
날개가 있었던 것 같기도 했으나
딱딱한 것은 날개가 없으므로
있어도 펄럭일 수 없으므로
지중의 낙차,
중심에서 이탈한 엄청난 편차를 무시하고
던지지 않았던 것만은 확실함
모던한 리얼리티는 없음 혹시 있는지도 모름
리얼한 모더니즘도 없음 그러나 있을지도 모름
 주둥이 작은 병 속으로 비둘기가 들어가는 신비한 마술처럼
 속임수처럼 가능할지도 모름

다시 던짐

창문 밖으로 무언가를 세게 던짐

다시 생각건대 아주 멀리 날아간 것 같지는 않음

무엇이었는지조차 정확히 구별하지 못했으나

역시 엄지와 검지 사이에서

분명히 꿈틀거리는 것을 느끼기는 했음

날개가 없었던 것 같기도 했으나

유연한 것은 날개가 없어도 되므로

없어도 펄럭일 수 있으므로

그리하여 중심에서 이탈이 가능하므로

낙하의 방향과 가속의 시간을 부여해

던지지 않았던 것만은 확실함

모던한 리얼리즘은 있음 혹시 없을지도 모름

리얼한 모더니즘도 있음 혹시 없을지도 모름

주둥이 작은 병 속으로 들어간 비둘기가 다시 지팡이로 변하는 속임수처럼

가능할지도 모름

남태령

올라오는 길 있으니 내려가는 길 있다고
변두리에 살았으니 서울 한번 오라고
머뭇머뭇 마지막 추억을 부르듯
700번 버스가 사당을 향해 달린다

나는 지금
굽은 고개 하나를 넘는 게 아니라
능선의 바람 한자락을 잡고 있는 듯하다
기억은 벌써부터 마음보다 먼저 뛰어가
한강의 잔잔한 물결을 넘어선 지 오래
용산과 삼각지를 껴안고 돌다가
오래된 혜화동 로터리 빨간 벽돌집 근처에 멈추어 선다

흔들거리는 길 위에서 살았으니
쉬엄쉬엄 천천히 오라고 기억은 내게 당부를 한다
안경은 리트머스 종이처럼
전위적인 간판들의 낯선 불빛들을 흡수한다
여전히 누군가 올 것 같은 하얀 건널목 위에서

예전에 놓친 푸른 등 하나를 깜빡거려보지만
그러나 첫사랑은 올 리가 없다

시속으로 달려가 껴안을 수 없었다면
정류장마다 조금씩 떠나보냈어야 했다
가는 것을 잡지 못했으므로
돌아오는 일은 어쩔 수 없는 것이라고
중얼거리는 버스의 엔진 소리를 훈시처럼 듣는다

입성하지 못한 별무리 가득
경계선 주변에 모여 속닥거리는 오늘은
남태령 기슭의 나무들도 참 많이 늙어 보인다

호두호밀햄치즈샌드

상추 한 장이
스스로 맨 밑에 누워
누구를 감싸는 것으로
푸르름을 더할 경우

토마토는
자신을 여러 개로 나눠
납작한 속살조차 안 보이게 낮아져서
치즈의 품격을 더 빛나게 하고

계자황(鷄子黃) 노른잣빛
꽃처럼 부스러진 길 위에
오이와 피클과 당근도 함께 포개짐으로
호두와 햄을 더 아름답게 하고

그랬구나
아무것도 아닌 것들 때문에
그래서 맛있었구나

꿈, 길마중

저 멀리 꿈길
희미한 불빛 자꾸만 어른거려
졸린 눈 더듬더듬 동네 어귀 들어서니
비단잉어 꿈틀대는 붉은 노을 산 중턱 아래
그중에서 가장 밝은 작은 집 앞마당에
연분홍 꽃단장한 우리 아빠
어야디야 어기야디야
잔걸음 사뿐사뿐 한 마당을 돌다가도
구슬돌이* 통통 장단에 입 맞추는 버선발이 너무 곱다

한참을 놀았을까
얌전했던 호롱불도 하나둘 졸다가 잠이 들고
오신다던 길마중님 마침 오셨는지
어여쁘신 우리 아빠
벗어둔 신발은 그대로 놓아두고
곱게 접은 버선발로 길마중 따라 떠나시네
산 너머 멀리 윗마을로 놀러 가시네

*한국무용에서 몸을 돌리는 모양을 가진 춤사위 중 하나

가을이 내게로 왔다

가을이 내게로 왔다
혼자 오지 않고
형형색색 여럿을 데리고 왔다

가을은 밤새
집안에 머물며 떠들어댔다
서 근 달빛은 모과 빛깔의 촛불을 켰다
바람은 얌전한 탁주를 따랐다
햇살은 농담처럼 간지럽게 웃어주었다
별들은 담쟁이 손을 잡고 시간의 벽을 오르고
새벽의 차가운 숨결을 더듬는 손끝들은 나를 더 알고
싶어 했다

서로에게 스며들던 빛깔들은
다음 날 아침 깊숙한 안개가 되었다
안갯속으로 걸어 들어온 그들이
안갯속에서 길을 잃고 있던
혼자 남은 사내의 손끝을 잡아주었다

붉은 노을조차 겹겹이 꿈속을 파고드는 저녁
길목 어귀의 나무들까지
뜨거움을 견디지 못하고 옷을 벗는다
마지막 신발까지 벗어 던진 하얀 맨발들이
빗살로 넘어지는 늦은 햇살들과 어울려 춤을 추는 동안
여럿의 그림자는 사내의 빈방에서
밤새도록 떠들며 놀다 각자의 집으로 돌아갔다

단편으로 읽는 하루

그 시간 그는 거기 없었네
99번 버스가 연속해서 멈추어 서는
마흔아홉 번째 정류장
간간이 내리는 비 멈추지 않고
그를 기다리는 우산은
결국 펴질 못했네
그가 마흔아홉 번째 정류장에서조차
내리지 못한 이유를
나는 알지 못하네
알아서도 안 되는 이유 하나가
내 앞을 지나쳐갔네
푸른색 신호를 보내던 신호등이
빨간색 기호로 바뀌었을 때
뛰어도 소용없다는 것을
오래전부터 알고 있었던 걸까
바닥에 누운 사다리 위
잠시 멈춰 서 있어야 할 날들이
오늘만은 아니겠지

여린 빗줄기 여럿이 모여
발목을 지워 꼼짝 못하게 하고
버스 오는 길 반대편으로
혼자 울면서 가네

나의 감옥

히아신스 한 다발만 화분에 놓아주오
나를 바라보는 거울은 그냥 놔 주시구려
마주 앉아 달그락거리던
한때의 식탁이여
그대와 더이상 차가운 식사를 할 수 없으리
그릇들은 깨끗하게 비워두었네만
기억은 무덤처럼 빈 잔을 채우는군
이것이 나에게 주어진 마지막 양식
창살은 햇살조차 감당하지 못하여 녹슬고
말라빠진 영혼의 조각들마저
비둘기처럼 눈부신 탈옥을 갈구하네
어쩌면
이 방에서 빠져나가는 순간
햇살은 온몸을 파고들어 나를 녹여버릴지 몰라
오래도록 습기 찬 방에 기거하였으므로
눈조차 떠보지 못하고
수증기처럼 천천히 소멸해갈 것이니

히아신스여
그대만이라도 이 방을 기억해주게
마지막 증인으로 남아
해체되지 못한 날들의 방기(放棄)와
살아있음이 다행이라고
춤추며 놀았던 남루한 내 흔적들을
말끔히 청소해주게

적인가 사랑인가

복숭아 꽃잎이 씨앗 하나를 땅 위에 얌전히 내려놓을 때
사과껍질과 귤껍질이 쓰레기가 되어 비닐봉지에 담길 때
실로폰 건반 위로 개미가 지나칠 때
타이프라이터가 ㄱ과 ㅈ을 칠 때
지금 보슬비라고 쓸까 가랑비라고 쓸까를 세 번이나 생각할 때
나는 너를 생각한다
분필을 들고 칠판에 한글과 영어 사이에 로마 숫자 하나를 적어 놓을 때
볼펜에 잉크가 말라서 나오지 않을 때
잘 보이지 않는 먼지 하나가 은백색 쟁반 위에 내려앉을 때
밤바람에 찢어진 신문지가 한번 뒤집히는 것을 볼 때
뜬금없이 나는 너를 생각한다
잊으려 해도 잊히지 않는 너는 적인가 사랑인가

오늘

  풀빵 굽는 노점상 젊은 사내의 머릿속에는 잘 익은 붕어들이 몇 마리 헤엄치고 있을까 자꾸 물을 부어 끓여내는 떡볶이는 몇 개나 불어터져 있을까 파아란 불길을 꽃처럼 솟아오르길 꿈꾸는 가스통은 오늘 밤을 견딜 수 있을까 육십 와트 백열전구 속 필라멘트처럼 따스한 방을 갖고 싶어 높은 곳에서 사방이 보이는 유리 집에 살고 싶어 저기 옷 벗고 울고 서 있는 나무 좀 봐 기억은 해질 대로 해져 너덜너덜 그림자도 넘어져 일어나질 않네 오늘 나는 사람을 보기는 한 것인가

그 여자의 방

여자는 항상 세상은 살만한 곳이라고 믿는다
매일 아침 반지하 난간 위 겨우 뜨는 햇살
손톱만큼 조금만 더 비춰준다면 아무것도 바랄 것이 없다고 한다
청소가 즐거운 여자는 청소기보다 더 크게 희망을 노래한다
어쩌면 나는 지금까지 그녀처럼 겸손한 예배를 본 적 없다
서툴게 살아온 군데군데 뜯겨진 자리까지 훑고 지나가는
걸레처럼 아름다운 긍휼을 본 적이 없다
겨자씨만 한 꿈들을 끌어안고 살아온 여자가
한발 한발 납작하게 엎드려 무릎으로 통곡하지만
여자의 화장대 근처 머무는 부스러기 햇살조차 내리지 않는다
부족할수록 감사하며 사는 것은 사실상 지독한 형벌
먼지보다 작게 내리는 은총을 갈구만 하는 여자의
간절한 무릎의 고백은 헉 헉 굳은 소리를 낸다

걸레 밑바닥에 묻어나는 얼룩들
겹겹이 살아온 세상이라면
점점 정결해질 것이다 믿는
여자의 떨리는 기도 때문일까
햇살보다 따스한 가로등불 반쯤 열린 창가에 걸터앉는다
어두운 구석까지 숨 트는 구원 같은 불빛을 풀어놓는다

오 주여!
더이상 낮아질 곳조차 없는 날들을 위해
일 앗사리온* 만큼의 햇살을 허락하소서

*로마의 소액 동전의 가장 낮은 화폐 단위

제4부

틈

집개미 한 마리가 어디서 기어 나왔나 모르지만 분명한 것은 이 집 어딘가에는 내가 모르는 또 다른 집이 있다는 것 등기도 되지 않은 그 집에 나보다 더 성실한 누군가 살고 있다는 것 냉장고 없이도 티브이 없이도 주택청약부금 하나 없이도 거뜬히 살고 있다는 것 부스러기만으로도 견고하게 빙하기를 지나고 있다는 것 어쩌면 내가 그들 집에 얹혀 세 들어 살고 있다는 것 그들보다 내가 한없이 작은 미물일지도 모른다는 것

연필을 깎다

뾰족해져라
더 뾰족해져라
살고 싶다면 뿔이 되거라

뭉그러진 나의 심장아
내 속에 숨겨둔 뿔을 세워라
사실은 죽기 위해서 살고 있다고
고백을 털어놓은 죽은 혈관들을
다시 불러 모아 일어나거라

살아있다는 것은
칼날 위에서 춤추는 자유
시퍼렇게 울 줄 아는 것이 진짜 뿔이다
중심은 피를 토하고 쓰러질지라도
죽어가는 것들을 살려내는 것
한 줄의 문장과 직면하면 통곡하고 회개하는 그것이
진짜 뿔이다

뾰족하게 깎아내지 않는다면
검게 타들어 간 심장조차 스스로 도려내지 못한다면
너는 빳빳하게 서서 울지 못할 것이다
꽃 한 송이 제대로 피우지 못할 것이다
살고 싶다면
뾰족해져라, 더 뾰족해져라

면도기를 파는 점원

 면도기를 파는 마트의 여자 점원은 지나가는 남자들의 주둥이만 쳐다본다 가능하다면 최신식 면도기로 남자의 수염들을 완전히 밀어버리고 싶은 것이다 진열대 위 면도기를 수북하게 쌓아놓을수록 그녀의 충동은 초고속으로 강력해진다 그녀는 필시 창고의 모든 면도기들을 예쁘게 포장해두었을 것이다 출고를 기다리는 면도기의 칼날처럼 시퍼런 미소로 웃는 여자 점원의 속셈과 눈이 마주치는 순간 오백 와트 모터보다 빠른 속도로 면도날은 작동을 시작한다 살점 하나 건드리지 않고도 사내들의 발모 흔적을 말끔하게 먹어 치운 그녀의 삼중코팅 면도날이 순식간에 나의 얼굴까지 통째로 집어삼킨다

강철 불꽃

이 세상에서
너만큼 예쁜 무늬를 가진
꽃이 어디 있으랴
겉으로는 차가운 향기
속으로는 수많은 별빛을 품고 있구나
함부로 사랑하면 안 된다고
가까이 다가오면 눈멀게 할 거라고
꽃 꺾어 곁에 두고 싶은 나의 욕심을
오히려 가르치는구나

너는 그런 꽃이었구나
열병을 몸으로 견뎌내야만
오래오래 사랑할 수 있다고
내게 말해주는구나
어둠 속에서 더 잘 보이는 꽃
눈부신 푸른 섬광 가슴에 품을 수 없는
이 세상 가장 뜨거운 꽃이었구나

실제상황

   국민 여러분께 알려드립니다
   지금까지 살아계신 분들은 지금 즉시 밖으로 나오시기 바랍니다
   여러분의 협조와 노력으로 오늘 하루도 무사히 넘겼습니다
   여태껏 살아계시다니 모두들 대단하십니다
   이제 자연스럽게 숨쉬기 운동을 하셔도 좋겠습니다
   옆 사람과 악수도 나누며 부둥켜안아도 보고
   큰소리로 웃고 싶으신 분들은
   정확히 일 분 동안만 웃어주시기 바랍니다
   현재 시각 일천구백구십팔 년 칠월 삼십 일
   내일 하루만 견디면 이번 달도 다 지나갑니다
   날마다 달력에 빨간 펜으로 체크하시는 분들,
   이제 안심하셔도 좋습니다.
   자! 지금부터 집에 계시는 동안
   준수해야 할 몇 가지 유의사항을 말씀드리겠습니다
   여러분 각자의 집으로 돌아가시게 되면
   가족 모두 한꺼번에 잠들지 마시고

한 사람씩 교대로 불침번을 정해주시기 바랍니다
주무시는 분들께서도 눈곱만한 꿈이라도 꿔서는 안 된다는 점을 명심하여 주시고
가급적 한쪽 눈은 뜨고 주무시면 감사하겠습니다
만일, 꿈꾸시는 분들이 24시간 가동 중인 초정밀 위성 탐지기나
야간 순찰 요원에게 적발될 경우
어떠한 불이익을 당하서도 국가에서는 책임지지 않으니 유의하시기 바랍니다
아울러, 주변에 사소한 꿈이라도 은닉하고 있는 용의자를 목격하거나
알고 계시면 관할 신고센터에 일러바쳐 주시기 바랍니다
다시 한번 말씀드립니다
내일 아침 일찍 서둘러 출근해야 하는 분들은
방탄복 착용을 까먹지 마시고
두 눈과 안경을 바짝 닦으신 다음 좌우를 살피면서
사주경계를 강화하신 후 업무에 임해주시기 바랍니다

모쪼록 내일 아침 한 분도 빠짐없이
　생존자 전용 카니발에 참여할 수 있기를 진심으로 빌면서,
　꿈이 없어 깨끗한 정의사회 구현을 위해 최선의 노력을 다할 것을 부탁드리겠습니다
　감사합니다

장마가 시작될 때

 어디엔가 분명 있을 사람 앞으로 행하여진 자유인의 기갈스런 서간의 진실을 아는 사람은 아무도 없다 사람들은 흡사 장마가 시작될 때 바람은 바람의 꽃으로 잉태되고 새들은 모두 남으로 날아가는 줄 알면서도 북상하는 회오리에 몸을 던지며 사는 별들의 쓰러짐은 모르리라 매일 밤마다 자신의 영역조차 지키지 못하고 소리 없이 죽어가는 행성들이 무어라 말하는가 때로는 살아있다고 느끼기 위해서 뭔가에 자신을 학대하지 않으면 안 되는 먹구름이 되어서 그해 여름 첫날의 생리는 며칠을 두고 산산이 부서지느니 살아있는가 어디 있는가 장마가 시작될 때야 비로소 안부 전하는 너에게 나는 아우성으로 몰려가는 빗물이 되어 너에게 닿고 싶은데 아이야 사람들은 혼자가 되어서야 많은 생각을 하는 모양이다

바다꽃
—세월호 다섯 번째 날에

소녀가 멀리 바다에 와서
꽃을 따왔다

그 꽃은
한번도 시들지 않은 꽃
세월이 없어져도
파도처럼 영원히 피어나는 꽃

실타래 풀어 우는 물소리
밤새도록 찾아와 풍등이 되는 꽃
물길 한가운데 넘어져 울다가 잠든 꽃
꿈조차 비스듬히 넘어져
바다까지 온통 멍들게 한 꽃

다섯 번의 밤이 지나도록
한송이 한송이 잊힐까
삼백네 개의 기다림
은하수 꽃잎으로 피어나는 밤

꽃잎이 멀리 바다까지 와서
숙녀가 되고 청년이 되고
산호초 닮아 늘 푸른 바다꽃 되고

껍데기의 숲

나무를 가만히 보고 있으면
우리가 가장 소중하다고 여기는 것들이
세상의 중심에만 살고 있지 않다는 사실을 배운다

광풍이 불고 폭우가 치던 지난밤
호흡이 붙어 있는 대부분의 것들이
바깥에서 안으로 숨어들기 바쁜 그 시간에도
나무껍데기는
온몸으로 움트는 여린 속살을 끌어안고
밤새도록 지켜내고 있었다

중심에 사는 것들이
오만함조차 당당한 척 똬리를 틀 때에도
나무껍데기는 그들을 위해
찢어지고 갈라진 생채기 틈으로
뜨거운 햇살들을 나지막이 받아들였다

햇살도 원래는

광물의 거칠고 요란한 덩어리 같았으나
나무의 껍데기를 관통하는 순간
가시처럼 뾰족한 성질을 버리고
연둣빛 속살 같은 그루터기를 허락했다

중심에 저항하거나 미워하지 않고
스스로가 낮아져도 좋다는
아무것도 아닌 것들의 다짐 때문에
추운 겨울조차 즐거운 기다림으로 우리는 날마다
거대한 숲의 전령과 마주하게 되는 것이다

빨래를 하며

빨래를 한다
지난날이 물밀듯 쏟아지는 수도를 켜고
고무 대야 하나 가득 풀어놓은
작업복과 속옷들
고농도 표백 가루 한 스푼을 섞는다

일상이 가득 찌든
엉킨 꿈들을 뒤척일 때마다
거품을 일으키며 달려 나오는
검은 물 하얀 물

내게는 바람이던 것이
아무것도 아니었던 것이
참을 수 없는 가슴을 켜고
알록달록 빠져나온다

이것이 설마
사막 같은 세상에서 밤새며 캐어 오던

땀방울이 아닐까

태초부터 나는
진흙 덩어리였으므로
구정물이 나오는 건 당연하겠지만
빨랫줄을 끌어안고 눈부시게 흔들리는
풍경들을 볼 때마다
괜히 눈물이 난다
먼지 같은

오십 번째 집들이 초대장

길수와 어젯밤에 통화했다 영월에 있다는 것은 거짓부 렁이란다 내가 아직 순진한 건지, 그 녀석 농에 내가 당했다 그런데 그놈 이번 달 이십구 일 집 사서 이사 간단다 은행 대출 조금 보태서 장만한 서른한 평 주공아파트인데, 제 마누라 입이 요즘 찢어진다고 덩달아 신나있단다 나이 오십이 넘었으니 집 한 채는 있어야지 했는데, 문득 소싯적에 까딱하면 가출했던 그 녀석 잡는다고 여기저기 수소문하고 다니던 기억이 떠올랐다 역마살 낀 제 버릇 누르고 십수 년을 버스운전사로 버텨준 게 고마워 나도 괜히 눈물이 나더라 참! 이번 명절 끝나고 집들이하면 니들과 같이 오라고 하더라 나도 덩달아 신이 나서 집들이 제대로 하라고 을러댔다 이번 기회에 다 같이 시간 좀 내자 늦게나마 나지막이 피워낸 꽃망울들 구경하고 돌아오게 그날 꼭 놀러 가자

박쥐

거꾸로 살아도 되는 것인가 나는 날개를 빼앗기고도 태초로 가지 못하고 있다 그물 같은 어둠의 블랙홀 속에서 순종의 머리만 키우고 있다 그런 밤마다 수혈이 필요하다 그대의 따스한 순결이 필요하다 그대 목덜미 밑으로 내 사랑의 자국들을 은밀하게 표시하고 열나게 빨아야 할 뜨거운 혈액이 부족하다 그동안 나만의 피임법은 사실상 실패로 끝났다 거꾸로 살아도 구원받을 수 있는 세상이라면 푸른 정액들이 사정없이 아우성치는 밤 아무도 모르게 어디라도 뛰쳐나가 오입질하고 싶다 발아래 버려진 낮은 하늘을 용서할 것이다 태초부터 그러했듯이 그대에게로 가는 날개들을 움켜쥔 올무 같은 그리움 한꺼번에 풀어놓을 것이다

밤마다 윗집이 궁금해진다

윗집에서 새어 나오는 말들이
밤마다 나를 가만두지 않는다
눈을 감고 그 소리를 탐닉한다
손가락 끝에 달린 나의 불결한 글귀들이
천장의 갈라진 틈 속에 숨어 들어가
위층의 말들과 몸을 비벼대는 상상만으로도
나의 언어는 얌전한 고양이가 된다
사랑이라는 말,
이보다 순종적인 말결이 있었던가
그런 의미에서 용서는
얼마나 자신을 밀어내는 몸짓이 되는가
혼자 돌아누워 몰래 키워낸 발톱들이
물어뜯지 못한 말들의 기억을
나는 무엇으로 핥아대고 있었을까
모래와 자갈로 지은 집처럼 무너져 내리다가
하수 구멍에 쌓인 찌꺼기들이
썩고 있다는 사실을 알고서야
나의 말들이 옷을 벗는다

윗집의 말들이 샤워하는 소리를 듣는 새벽
헤어드라이어로 축축한 말들을 말릴 때까지
벌거숭이로 누워 그의 말들을 받아들인다

벽

잠자는 벽에도 얼굴이 있고 가슴이 있고 발목이 있다 기억을 걸기 위해 못을 박으면 바람처럼 무너지는 아픈 눈물과 날개 없는 꽃들의 향기가 있고 평생 누워 잠들지 못하는 형벌이 있다 사막을 등지고 서서 기대고 살 수 없는 그대의 등받이가 되어도 벽의 발목과 눈은 슬프다 눈썹 없는 입술이 그렇듯 입술 없는 가슴이 어둡다 유두처럼 그대의 창을 여는 아침에는

전봇대

길 건너 전봇대를 보시오
왼쪽 옆구리 길게 늘어져 징징거리는
울음소리를 보시오
보나마나 속은
실핏줄 벌겋게 타들어 가고 있을게요
지들끼리 서로를 묶어놓고
어찌하겠다는 건지 모르겠소
내가 전봇대라면 나는 칼바람 끝을 갈아
종아리를 아작내거나
얼음처럼 단단한 그림자를 절단하거나
그대 올 때까지 쓰러져 일어나지 않거나
끝까지 휘청거리는 소리로
그대의 옆구리를
그냥 살짝만이라도 스치고 지나가겠소
저 멍청하게 서 있기만 하는
병신 같은 전봇대 좀 보시오

즐거운 상상

내 혀를
식칼로 송 송 송 썰어
소금 간장에 찍어 먹었다
드디어
목구멍에 달라붙어 있던
오래된 기침 하나가
제거되었다
맛의 소문은
육즙처럼 온몸을 퍼져 나갔다
나의 칼은
그다음 요리를 위해
내 몸을
준비 중이다

해설

'멸치 꽃'을 피워내려는 응시의 자세에서 태어나는 노래들

정윤천(시인)

1

시는 어디에선가 온다. 멸치 떼처럼, 더러는 한 마리의 대왕고래처럼, 설산(雪山)에서 불어오는 바람 소리처럼, 그것들은 그렇게 와서 문득 갸륵해지기도 한다. 그렇게 시가 오는 자리에 나가 움막을 치고 뜨겁게 익힌 모처럼의 저육(猪肉) 한 접시 같은 것으로, 가난하여도 최선의 식탁을 수습하여 시를 맞이하려는 종복들이 있다. 이제 막 '멸치 꽃'을 피우려 나서는 최성규 시인 역시 시의 멸치잡이를 떠나는 고단한 행색의 어부이리라. 시인이 지나가고 난 자리에는 시의 비린내 한 줌이거나 예의 '멸치 대가리' 같은 것 몇 톨만 남겨지게 되리라는 사실을 그는 이미 알고 있었을까.

그들(시인)은 이제 그렇게 한 편으론 별반 소용도 닿지 않는 먼 데를 향하여 호된 소리를 꺼내 무언가를 부르기도 하고, 있지도 없지도 않은 갈 데를 정하여 무릎을 일으켜 세우기도 하였다.

말이 시(詩)로 진화되기까지의 거리를 문명의 역사라고 부르자고 한다면 다소 지나친 역설이 될 수도 있겠지만, 한 시인이 기록한 내면의 내력들을 통해 '시적 인식'의 지평을 살피는 자리에서, 그가 당면한 미완과 불화들이 또한 한 시인이 태동하였거나 자라난 역사로 거론되어도 무방할 것 같았다. 그렇다면 최성규 시인은 언제 어디에서 시인이라는 호명이 자신에게로 점철되어져 왔던 것일까.

어쩌면 내가/작두 같은 도마에 누워/너를 바라보는 것인지/창자를 잃은 아가미로/사랑을 빼끔거리는 것인지/너의 쓰린 아침을 위해/눈부신 바다를 버리기까지/나는 무엇이었을까/가슴을 뚫고 나온 가시까지/네 앞에서 숨을 고르는구나//사랑아/고통보다 단내 나는 칼맞을/지금 받으련다/피를 부르는 너이 손놀림 잎에/나는 시체처럼 순종할 뿐/뜨거운 바다를 헤엄치며 단련된 비늘들이/염통의 열도에 처박혀버릴지라도/썩어가는 부레조차/즐거이 입 맞추며 나를 끌어안는/너를 사랑한다
—「나는 생선 같아서」 전문

'사랑'이 거론되는 명징한 시간 앞에서 시인의 사랑은 위축되고 작아져 있다. 이것은 바로 시 속에서 사랑을 태어나게 하는 고전적이고도 유효한 한 양식임에 틀림없어 보인다. 시라고 부르는 바다 위에서 서성거려 본 적이 있는 이들은, 자신의 시와 남의 시에 녹아 들어간 은유의 과거와 현재를 어림짐작하게 되어 있다. 길들이 길에서 나와 더 먼 길 쪽으로 찾아 나서는 여정들이 또한 시의 행로였기 때문이었다.
　"고통보다 단내 나는 칼맛을" 그는 "지금 받으"려고 한다. "너의 쓰린 아침을 위해/눈부신 바다를 버리기까지/나는 무엇이었을까" 묻지 않아도 되었으며 따지지 않아도 되는 일이었으니, 시인의 단두대가 거기 있었다. 시인이란 때로는 "생선 같아서" 생선 같아 보일 때가 많이 있어서, 지금 첫 시집을 받아들고 시인의 먼 항로 속으로의 포구를 나서려는 최성규 시인으로 하여금, 이 시편은 단연코 '자화상'이자 서시와 다름없어 보였다.
　세간에 흩어져 존재하는 모든 사물의 이름들, 그 명명의 실재들은 사실은 안에서 밖으로 흘러나온 마그마의 표징들이었다. 그러니 사자가 사자처럼 생겨서 사자로 불렸던 게 아니고, 구름이 구름처럼 보여서 구름이라 일렀던 이치가 아니었을 거라는 말이다. 사자의 이름은 이미 오래전부터 사자의 몸 안에서 새싹처럼 자랐고, 사자의 울음소리도 사자의 내면 깊숙한 곳에 고였던 수분 같은 것이었을 것이다. 구름은 구름의 담장 안에서 구름의 손과 발짓이거나 배밀이의 수고로움으로 구르고 흘러와 구름 앞에 당도하였을 것이었다.

  수만 가지 시의 원리 중의 하나가 어쩌면 이쯤에도 있었다. 단연코, 시는 안에서 울려져 퍼져 나왔던 호곡(號哭)에의 이명(異名)이었을 법 하였으니. 최성규 시인의 시의 한 모습도 내면에 맺혀 있는 상처의 장면 하나를 밖으로 불러 내보이는 중이었다.

  먼 길 떠나겠다는데/어떤 사유를 첨부해야 할까/마지막 남은/한번의 절차//나에게로 돌아가는 길이라도/타당한 이유가 있어야 한다는데/나의 이력은/얼마나 결백하고/얼마만큼 부당할까//가고 오는 흔적을/알려주고 싶지 않다면/반려의 사유가 될까//알아서 집으로 돌려보낼 때까지/떠나갈 수 없는 나는/현재 구속수감 중
                                   —「사직서를 쓰며」전문

  떠나기 위해 "어떤 사유"를 내어놓아야만 하는 그는 시 속의 현실 안에서 "절차"의 지경 앞에 서 있는 중이다. "나의 이력은/얼마나 결백하고/얼마만큼 부당할까" 여기에 팽팽한 대치가 가로놓여 있음은 무슨 연유에서

였을까. "알아서 집으로 돌려보낼 때까지/떠나갈 수 없는 나는/현재 구속수감 중"이었으니, 개인을 향한 집단의 폭력성과 허구가 아프게 새겨져 있었던, 그의 시의 유력한 한 장면이었다. 이럴 때의 그의 시 속의 "사직서"는 결연한 모습의 '고발장'이 되거나 '연판장'이 되는 예를 보여 주었던 중이다.

이처럼 그의 '고백류'이거나 독백성의 내용을 담은 일정 부분의 시편들에서는, 그가 견디었거나 맞짱을 뜨고 왔던 세상과 사람 사이의 대치가 여실하게 자리 잡아 있고는 하였다. 여기에 덧붙여 다행스러웠던 사실은 체질 때문인지, 시적 대결과 성찰의 한 고비가 지나쳐갔는지, 그의 시의 대부분들이 강변(強辯)을 저물렸다는 점이다. 어디에선가 또다시 사직서를 채우기 위해 그럴듯한 구실을 장만하고 있을지도 모를 그를 읽게 하여 주었다.

새벽을 창밖에 널고/아내가 손을 씻고 있습니다/식탁보 위에/물기가 한 방울 떨어졌습니다/물방울이 하얗게 번지더니만/그것은 깃털이 되었습니다/깃털이 너무나 커서/몇 번을 나눠 입속에 넣어야만/맛을 느낄 수 있습니다//입속에서 살살 녹는//햇/살/무/침
―「봄의 관찰 1」 전문

'봄의 관찰사'를 나선 시인의 눈에 두어 편의 시가 와서 맺혀 있다. 물방울들처럼 영롱하게. 아내가 손을 씻고 난 식탁 위로 한 방울 물기가 맺혔다(떨어졌다). 처음엔 물방울만 같았는데, 차츰 그것이 번져 깃털같이 퍼지고 가벼워져 보인다. 무대가 식탁이다 보니, 자연 물방울 깃털도 먹거리로 화(化)한다. 한입에 먹을 수 없게 펼쳐져 보여서 몇 번으로 나누어 맛을 본다. "입속에서 살살 녹는//햇/살/무/침".

  시의 대미에 이르러 깔끔한 봄이 한 자락 태어났다. 통쾌하고 명징한 봄의 몸이었다. 기억이 와서 수틀을 만들고, 일목요연해 보이는 실과 바늘들의 몸놀림으로 서서히 살(肉)을 얻어 나간다. 한 편의 시도 그렇게 낳고 기르고 동행하다 떠나보내는 인간의 풍습들과 닮는다. 거기 "햇/살/무/침" 한입의 입맛을 누군가의 입안에 남겨놓고 떠나가는 계절의 이름이, 그가 "관찰"해내었던 시의 봄이었다.

  "아무래도 몸살 꽃 피려나 보다/주르륵 기운들이 빠져나가자/의무실 미스 전이/연분홍 게보린을 들고 와서는/"이것을 몸속에 심어 보세요" 한다". 이 시는 「유월 1」이라는 작품의 일부분이다. 어느덧 봄의 관찰자로 선을 보였던 최성규 시인의 시의 어법은, 비켜서 지나가는 듯한 "햇/살/무/침"이 그러하였듯이 "이것을 몸속에 심어 보세요"라고 표현해냈을 때처럼 촉촉한 물기들이 배어 있기도 하였다.

   귀를 막는다 열려 있어도 세상 소리 다 듣지 못하는 귀 이쪽에서 들으면 저쪽으로 새나가는 귀 들어도 알아차리지 못하는 말들을 가둔다 내 안에 단단하게 갇혀 있는 말들이 웅성거린다 몇몇 가시 돋친 말들은 불순한 입술을 경고하듯 목젖 앞에 바리케이드를 친다 말들이 견고하지 못한 탓이다 입술을 깨문 말들이 내 안의 말들을 껴안고 흐느낀다 부족했다고 생각했던 말들이 눈물이 되어 밖으로 나온다 말은 말을 하지 않아도 용서를 구한다 이쪽의 말이 저쪽의 말들을 일으켜 세운다 상처 난 말들도 심장 가까운 곳에 엎드려 통곡한다 말을 하지 않아도 내 안에 말들이 가득 쌓인다 오랫동안 닫혀 있던 낡은 성대가 거친 말들의 껍질을 벗겨낸다 혀에서 좁쌀만 한 티눈 하나가 돋아난다 내 안의 말들이 이번엔 나를 물끄러미 쳐다본다
                                         —「내 안의 말」 전문

처음 그의 '말'은 그 말이 자신에게로 임한 '귀'로부터 시작되었다. "열려 있어도 세상 소리 다 듣지 못하는 귀" 들었으나 "새나가는 귀" 듣고도 "알아차리지 못하는 말

들"을 '가둔 귀' 시행에만 기대어 살펴보면 어쩐지 그의 '귀'들은 불화에 처해 있거나 위축되어 있는 '귀'들이다. 혹시 '말'에게 다쳐본 기억이 남아 있는 상처의 '귀'들이 아니었을까.

아무튼 여기까지가 그의 서정적인 '귀'의 토로이다. 그 다음에 와서 그의 귀는 불현듯 사라지고, 귀 속에 갇혀 있는 '말'들에게로 전이 되었다. 그의 '말'은 어떤 의미를 지니고 있었을까. "가시 돋친 말들"이 "불순한 입술을 경고하"기도 "목젖 앞에 바리케이드를" 치고 있음을 드러낸다. 문득 '말조심'의 표정을 짓고 있다. 급기야는 "입술을 깨문 말들이 내 안의 말들을 껴안고 흐느낀다" "눈물이 되어 밖으로 나온다". 이 시 속에서의 '말'들이 내어 보이는 동작들이다.

도처에서 발생하는 그의 '내면의 말'들은 "통곡"의 우여곡절을 거치고 나와 "오랫동안 닫혀 있던 낡은 성대"로 하여금 "거친 말들의 껍질들을 벗겨"내게 해주었다. 그리고 그 말들로 하여금 '자신'이라는 자아의 시간과 세계를 바라보도록 하고 있다.

그렇게 이 시는 '말'을 통한 자아의 성찰이거나 반성의 회억을 불러일으킨 시의 모습으로 여겨진다. '말' 그것은 최성규 시인 뿐만아니라, 인간을 파악하는 가장 중요한 요소이거나 덕목 중의 하나임에 틀림없을 것 같다.

2

> 뻣뻣한 오만 원짜리 지폐 한 장을/옆집 누렁이에게 줘 보았다고 했다//그랬더니 그놈/냄새만 킁킁거릴 뿐 핥아보지도 않고/고개만 휙 돌리더란다//개도 안 받는 돈 때문에/이러쿵저러쿵/근심하지도/욕심내지도 말라 한다//사람에게만 있는 게 사람 잡는다고/고철 장사하는 동네 선배가/노가리 안주 하나 없이 소주 한잔을 들고/공자 왈 맹자 왈 하는 중이다
> ―「사람에게만 있는 것」 전문

사람의 "오만 원"에 새긴 풍자시이다. 최성규 시인 시집 『멸치들은 죽어서도 떼 지어 산다』를 관류하는 시의 풍속은 어림잡아 세 갈래 정도로 나누어져 있음을 알 수 있다. 하나는 세속과 인간에 관련하는 성찰의 시편들이고, 두 번째는 일상과 개인사를 동반한 가족사에 기댄 자세를 취해 보이고 있다. 그리고 남은 하나는 시집의 곳곳에 나타나는 형식 파괴의 담론들이거나 '낯설게 하기' 쪽에서의 작품으로 나타난다.

여기까지 살펴본 그의 '인용 시'들이, 어쩌면 앞으로도 그의 시가 지속적으로 담당해 나가야만 할 주된 세계라 일러도 무방할 것 같다. 그러나 그가 아직 시의 품격이

높은 곳을 지향할 때 나타나는 '익명성'의 세계이거나 상상력의 자유로움을 구가하는 단계까지는 얼마간의 거리가 남아 있을 것 같다는 느낌이다.

  이제 남은 지면들을 통해 그의 시의 현재적 가능성과 동력, 거기에서 태어나는 미세한 특장들을 살펴보기로 한다.

  유서 같은 시를 써서 내밀어도/아내는 모른다/내 시를 모른다 아내는/시 속에 숨어 있는 메타포(metaphor)를 모른다/내 몸에 쌓여 있는 시체 같은 언어들의 죽은 모래 무덤을 모른다/아무것도 모른다 알려고 하지도 않는 아내는/그러나 월급날은 귀신같이 안다/신용카드 결제일은 절대로 잊어먹지 않는다//신인상 상패가 며칠째 방바닥에 굴러다녀도/수년 동안 시 한 편 쓰지 않고 살아도/아내는 나에게 요즘 어떻게 사냐고 물어보지 않는다/시 한 편 벌어 오라고 바가지조차 긁지 않는다//시보다 재미있고 맛있는 게 너무도 풍부한 시대/시인이 된다고 덤비는 것은/언제든지 굶어 죽어도 좋다고 선언하는 것/죽어서도 시를 쓰겠다는 형벌까지 감당하는 것//시집 한 권 만든다고 퇴직금 통장 내놓으라는 요구보다/시 한 편 값이 백 원도 안 되는 단가의 참혹한 현실이 알려지면 끝장이다/주말 멜로드라마를 뚫어지게 응시하며 멸치 대가리를 떼어내는/아내의 조용한 손놀림은/내게서 나의 시들을 완전히 분리시킨 다음/나의 육체만 사용하고 언어는 모두 수거해 버릴지도 모르는 일//멸치는 죽어서도 떼 지어 사는데/나의 언어들아!/뜨겁게 끓다가도 한순간 식어서 맛없는 세상이 될지라도/육수보다 진하고 깊은 국물이 되어 보자/뚝배기처럼 뜨거운 한 술 밥 누군가를 적셔주기 위하여/자글자글 지글지글 끓어 넘쳐 보자

—「멸치는 죽어서도 떼 지어 산다」 전문

이 시 속에 최성규라는 개인이 시인이 되어 들어와 앉아 있다. "유서 같은 시" "시보다 재미있고 맛있는 게 너무도 풍부한 시대" "내 몸에 쌓여 있는 시체 같은 언어들의 죽은 모래 무덤" "죽어서도 시를 쓰겠다는 형벌까지 감당하는 것" "나의 육체만 사용하고 언어는 모두 수거해 버릴지도 모르는 일" 그럼에도 불구하고 "자글자글 지글지글 끓어 넘쳐"보기를 각오하는 최성규 시인은, 다시금 그때부터 한 사람의 시인으로 거듭난다. 시인이 와서 그에게로 임한 어느 지극한 풍경을 "멸치" 같은 그가 "떼"를 지어서 펼쳐 보이고 있다. 따라서 이 시편이 그의 시집의 '제호'가 되어 주었던 의미가 있을 것 같다.

아버지는 지금 중환자실에 계십니다 생일이 지난 지 보름도 채 안 된 정월 스무여드렛 날 아버지는 털신을 가지런히 벗어두고 맨발로 어디론가 멀리 떠나시려 합니다 얇은 하늘색 담요 밖으로 삐져나온 아버지의 맨발이 고비사막 한가운데를 건너고 계실까 싶은데도 아버지에게 털신을 신겨드릴 수가 없습니다 간지러운 오전 햇살에 마른기침 한번 하시면 참 좋으련만 오늘을 넘기기 힘들다는 의사의 말이 혹시 새로 사드린 신발 때문인가 싶어 도저히 눈물을 참을 수 없습니다 신발을 선물하면 헤어진다는 속설이 진짜가 되어 버렸습니다
ㅡ「오마주(hommage) 2」 부분

　　위의 인용시를 놓고 한 가지의 관점에서만 살펴보기로 하자면, 비교적 촘촘하게 새겨진 세필의 기척들이 메시지에 충실하게 복무하고 있는 것으로는 여겨진다. 쉽고 투철한 말의 전달 과정이 독자와의 거리를 좁히고 있는 일차적 성공을 거두고 있음을 볼 수 있다. 그러나 다시 한번 최성규 시인의 시를 대하는 자리의 말미에 이르러서, 그가 자신만의 개성적인 어법을 개척해 나갈 때, 그만의 시의 신생이 찾아올 것이라고 여겨진다.

　　윗집에서 새어 나오는 말들이/밤마다 나를 가만두지

않는다/눈을 감고 그 소리를 탐닉한다/손가락 끝에 달린 나의 불결한 글귀들이/천장의 갈라진 틈 속에 숨어들어가/위층의 말들과 몸을 비벼대는 상상만으로도/나의 언어는 얌전한 고양이가 된다/사랑이라는 말,/이보다 순종적인 말결이 있었던가/그런 의미에서 용서는/얼마나 자신을 밀어내는 몸짓이 되는가/혼자 돌아누워 몰래 키워낸 발톱들이/물어뜯지 못한 말들의 기억을/나는 무엇으로 핥아대고 있었을까/모래와 자갈로 지은 집처럼 무너져 내리다가/하수 구멍에 쌓인 찌꺼기들이/썩고 있다는 사실을 알고서야/나의 말들이 옷을 벗는다/윗집의 말들이 샤워하는 소리를 듣는 새벽/헤어드라이어로 축축한 말들을 말릴 때까지/벌거숭이로 누워 그의 말들을 받아들인다
　　　　　　—「밤마다 윗집이 궁금해진다」 전문

최성규 시인의 시가 보여주는 시적 장점들이 비교적 밀도 있게 나타난 작품이다. 위에서 애매하게 표현되었던 시의 '익명성'이란 어쩌면 이런 게 아니었을까. "나의 언어는 얌전한 고양이가 된다" "윗집의 말들이 샤워하는 소리를 듣는 새벽"과 같은 말의 무늬이거나 말의 추궁을 지칭함이라 할 수 있을 것도 같다.

최성규 시인이 지니고 있는 수많은 직선의 언어들이

부드럽고 요원한 곡선의 언어와 때로는 무의미한 언어의 영역에까지 도달하기를 바라는 마음에서 꺼낸 말이다. 그도 이미 자신의 언어를 천착하는 과정에서 실험과 일탈을 내포한 시편들을 내보이고 있는데, 마음을 다잡아 건설한 그의 노작들에게로 필자의 어눌한 눈길이 누가되지 않았으면 하는 바람이다. 저마다의 시인들은 이렇게도 저렇게도 불편하고도 끝이 없는 언어도단의 자리에서 죽어서도 '떼'로 지내야 할 형극의 존재들은 아니었을까.

시인의 말

벌써 나왔어야 할 것이
또 한 해를 집어삼키고
이제서야 기어 나왔다

어쩌라는 것이냐
가슴속 울부짖던 태풍
다 지나가고

적막한 것은
여전히
그대가 오기로 한
그리움

온종일 타들어 가기만 하는
나의 껍데기들을

2020년 새해 아침
최성규

멸치는 죽어서도 떼 지어 산다

2020년 1월 30일 초판 1쇄 펴냄

지은이 _ 최성규
펴낸이 _ 양문규
펴낸곳 _ 詩와에세이

신고번호 _ 제2017-000025호
주　　소 _ (30018)세종특별자치시 조치원읍 돌마루5길 2, 104호
대표전화 _ (044)863-7652, 070-8877-7653
팩시밀리 _ 0505-116-7653
휴대전화 _ 010-5355-7565
전자우편 _ sie2005@naver.com
공 급 처 _ 한국출판협동조합
주문전화 _ (02)716-5616
팩시밀리 _ (031)944-8234~6

ⓒ최성규, 2019
ISBN 979-11-86111-75-8 (03810)

* 지은이와 협의하여 인지는 생략합니다.
* 이 책 내용의 전부 또는 일부를 재사용하려면 반드시 지은이와
  詩와에세이 양측의 동의를 받아야 합니다.
* 책값은 뒤표지에 표시되어 있습니다.

이 도서의 국립중앙도서관 출판예정도서목록(CIP)은 서지정보유통지원시스템 홈페이지(http://seoji.nl.go.kr)와 국가자료종합목록 구축시스템(http://kolis-net.nl.go.kr)에서 이용하실 수 있습니다. (CIP제어번호 : CIP2020000030)